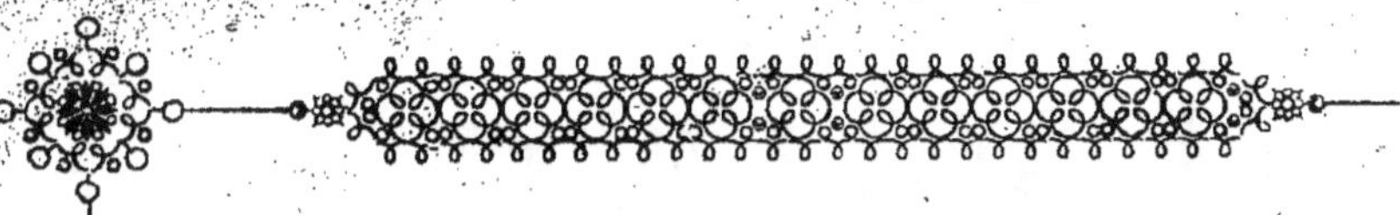

LA NATION

LE GOUVERNEMENT

ET

LA PRESSE.

PÉTITION

A MM. LES MEMBRES COMPOSANT LA CHAMBRE DES DÉPUTÉS.

Un pouvoir, quel qu'il soit, qui souffre la licence,
Compromet le pays et sa propre existence ;
Toutes les passions déchaînant leurs fureurs,
Font naître l'anarchie et toutes ses horreurs !

PAR E. L. S.......

PRIX : 50 CENTIMES.

PARIS

DEPOT CHEZ M. BORDAS, RUE SAINTE-AVOYE, N. 24.
—
1840

IMPRIMERIE LANGE LÉVY ET Cᵉ, R. DU CROISSANT, 16.

AFFAIRE DE LA PLATA.

RÉFUTATION

DES

Nouvelles Allégations du Ministère.

Au moment même où nous faisions paraître notre protestation, les journaux du Ministère publiaient un article dans le but évident de justifier la très prochaine ratification du traité de Buenos-Ayres.

Nous allons réfuter aussi brièvement que possible ces nouvelles allégations, car, plus que jamais, nous avons confiance dans notre cause qui est non-seulement celle de la France, mais en core celle de l'humanité. Le parti de Lavalle, composé des hommes les plus éclairés du pays·ne peut manquer de triompher.

(On trouvera à la fin de notre brochure quelques extraits de la lettre que nous venons de recevoir de Montevideo, datée du 22 décembre 1840.)

Dans l'article du *Moniteur* on a voulu d'abord prouver que les formes les plus convenables ont été observées pour faire le plus mauvais traité possible. « Le gouvernement de Buenos-
» Ayres a, dit-on, pris l'initiative dans les négociations de paix.
» Les bases d'un arrangement possible se trouvaient posées, à
» la date du 29 septembre, dans une dépêche du Ministre An-
» glais. »

Nous prenons acte de cette déclaration. On en tire la consé-
quence toute naturelle qu'il fallait que Rosas fût alors dans une position bien désespérée pour demander une paix qu'il avait déjà, et à cinq reprises différentes, formellement refusée. D'ailleurs, le Ministère du 29 octobre a non seulement reconnu cette vérité, mais il a encore ajouté que, si le Dictateur avait consenti à traiter,

on devait l'attribuer surtout au succès de nos alliés. On se félicite
de l'intervention du Ministre Britannique au point de lui en témoigner une vive reconnaissance. Les faits suivans feront
apprécier à leur juste valeur la sollicitude de ce diplomate pour
les intérêts de la France.

Depuis le commencement du blocus, les agens de S. M. B.
tant à Buenos-Ayres qu'à Montevideo ont montré les plus vives
sympathies pour Rosas; ils s'étaient mis d'accord pour favoriser
nos ennemis. Ils voulaient ainsi empêcher la France d'acquérir
la prépondérance que le succès de sa cause lui eût assuré dans
dans les Amériques. Les preuves de cette hostilité ne manquent
pas, en voici quelques unes.

D'abord, des lettres interceptées que Rosas adressait à son lieutenant Echague (celui qu'il avait envoyé avec 6,000 hommes
pour nous chasser de Montevideo). Dans cette correspondance
le Dictateur reconnaît les importans services que les agens de
. M. B. lui rendaient dans sa lutte contre nous.

Viennent ensuite d'autres lettres, également interceptées, écri-
tes par les gens du parti qui nous était hostile dans la République de l'Uruguay ; ils s'étaient réfugiés à Buenos-Ayres, où
ils continuaient à user de tous les moyens pour nous nuire:
leur correspondance se faisait par l'intermédiaire des agens anglais. Les originaux de trois de ces lettres ont été déposés par
ordre du gouvernement de l'Uruguay, dans un lieu public à
Montevideo, afin que chacun pût en prendre connaissance.
(NOTE 1. — Voir les Notes à la fin).

Ces documens prouvent jusqu'à l'évidence combien les agens
de S. M. B. nous étaient hostiles ; leur conduite fut toujours en
harmonie avec le langage de Rosas, car toutes les fois qu'il s'est
agi de propositions contraires à notre honneur et à nos intérêts,
ils n'ont jamais manqué d'offrir leur médiation. Ainsi, lorsque la
France fit signifier à Rosas son ultimatum du 18 septembre 1838,
ultimatum où elle tenait un langage digne d'une grande nation,
ce fut à l'insinuation du Ministre anglais Mandeville que Rosas
proposa des modifications reconnues inadmissibles. (NOTE 2.)

Ce fut encore lui qui invita l'amiral Dupotet à se rendre devant Buenos-Ayres pour entamer, par son intermédiaire, et sous le

pavillon britannique, des négociations de paix avec le représentant de Rosas ; négociations d'où sortirent ces propositions du 1ᵉʳ mars 1840, que le ministère de M. Thiers fit repousser comme injurieuses à l'honneur et aux intérêts du pays. C'est enfin ce même agent anglais qui a dit publiquement en parlant des assassinats qui ensanglantaient journellement Buenos-Ayres (les journaux du pays l'ont répété sans avoir jamais été démentis), qu'il était persuadé que les victimes avaient mérité leur sort ! Qu'on juge maintenant si l'esprit et les termes du traité du 29 octobre ne révèlent pas clairement la funeste influence sous laquelle il a été entamé et conclu.

Quant à l'assassinat du malheureux Varangot, nous ne pouvons que répéter ici ce que nous avons déjà dit : c'est qu'on a mis sous les yeux de M. de Mackau des preuves authentiques de sa nationalité française, que le gouvernement de Buenos-Ayres lui-même a reconnue dans des actes authentiques. Ces pièces sont soigneusement conservées à Montevideo, et nous nous engageons à les faire venir ici, et à les produire s'il en est besoin. En attendant, on voit que cet assassinat et tant d'autres commis pendant le cours des négociations, démentent les assertions si souvent répétées, que la tranquillité et la sécurité se sont rétablies à Buenos-Ayres sous l'influence conciliatrice de M. de Mackau. Et qu'on ne prétende pas que Rosas ne pouvait prévenir ces crimes, parce qu'il était débordé par la populace, dont il avait lui-même excité la fureur ; ne le voyons-nous pas, quelques jours plus tard, justifier, comme preuves d'un ardent patriotisme, les excès de tous genres auxquels elle se livrait, et signer de sang-froid, le surlendemain du traité, un décret par lequel il trace le mode à suivre pour pouvoir, à l'avenir, porter atteinte à la personne et aux propriétés des Argentins qu'on a prétendu couvrir par l'article 3 du traité, et à celles des *étrangers* ?

Quant aux mauvais traitemens soufferts par M. Julien Chabert, et à l'assassinat de deux Argentins dans Buenos-Ayres, et sur le front desquels on avait collé un écriteau portant ces mots : Paix avec la France, mort aux Unitaires, nous n'avons fait que reproduire ce que les journaux de La Plata en ont dit, et qui nous a été confirmé, avant notre départ, par des témoins oculaires. — Nous ne pensons pas qu'on puisse nous contredire, autrement nous ne demanderions qu'un court délai pour confondre ceux qui soutiendraient le contraire. — Nous respectons infiniment le témoignage des officiers de marine, si souvent invoqué dans l'article que nous réfutons, mais on comprendra facilement qu'on avait intérêt à leur cacher de tels évènemens ; d'ailleurs, qui ne sait que la durée, ordinairement très courte, de leur séjour à terre, ne leur permet pas de pénétrer dans toutes les classes de la société, et de puiser ainsi, à des sources diverses, des renseignemens indispensables pour bien juger les événemens et la situation d'un pays, surtout dans la position où se trouvait alors Buenos-Ayres.

Est-il d'ailleurs bien convenable que le ministère en appelle sans cesse au témoignage des officiers de l'escadre ; il compte sans doute sur la réserve que leur position leur prescrit.

Au reste, on a pu juger à Montevideo, par leur répugnance à descendre à terre, et surtout en uniforme, pendant les premiers jours qui ont suivi la ratification du traité, combien ils partageaient l'opinion générale à l'égard de cet acte de leur chef. C'est un fait qui a été généralement remarqué. Cette réserve si louable de leur part, a été justement appréciée par tous les habitans, d'autant plus que la bravoure dont ils ont donné tant de preuves partout où l'occasion s'en est présentée dans la Plata, leur avait acquis toutes les sympathies.

Quant à la restitution de l'île de Martin-Garcia et des navires de guerre, nous nous bornons, pour toute réponse, à faire connaître ici le dernier paragraphe de la protestation du gouvernement de l'Uruguay contre cet acte.

« Si M. l'amiral Mackau rend au gouverneur de Buenos-Ayres ces navires armés et en état de service, s'il évacue l'île de Martin Garcia, sans la mettre en état de défense, il commet contre la République deux actes d'hostilité, non seulement gratuits, mais encore injustes, car jusqu'ici la république n'a fait que rendre à la France bien des services importans. Le gouvernement pour son honneur, pour le respect dû aux droits de toute nation indépendante, qu'elle soit grande ou petite, forte ou faible, ne peut couvrir un acte semblable du silence qu'il s'était *proteste* de garder sur tous ceux du plénipotentiaire français, et proteste de la manière la plus formelle comme il le fait par le présent pour les mesures ultérieures auxquelles donneront lieu le droit, la raison et la justice.

« Fait à Montevideo le 4 septembre 1840.

« Signé : FRUCTUOSO RIVEIRA.

« FRANCISCO VIDAL.

« Pour copie conforme : *Jean Gelly*, secrétaire général du ministère des affaires étrangères. »

Et nous demanderons si le peu de jours écoulés entre la ratification du traité et la remise de l'île à Rosas auraient suffi au gouvernement de l'Uruguay pour y envoyer des troupes. Le voyage seul dure souvent cinq ou six jours à cause des difficultés bien connues que présente la navigation de la Plata.

A l'égard de l'amnistie obtenue en faveur du parti que nous avons armé pour combattre Rosas, nous nous bornerons aussi à reproduire l'article suivant d'un des journaux de Montevideo :

« Aujourd'hui, 22 novembre, sont entrées dans ce port, venant de Buenos-Ayres la corvette *Alcmene* et la goëlette la *Joséphine* ; chacun de ces bâtimens a amené quarante passagers, *la plupart Argentins et qui ont pu se soustraire* à la *clémence* de Rosas. La famille du vénérable général Viamont (1) se trouve à bord (2). »

C'est en vain qu'on prétend justifier M. de Mackau du reproche de s'être trop hâté. — Le ministère reconnaît lui-même que l'a-

---

(1) Le général Viamont est un des principaux personnages du parti unitaire. Il s'était réfugié à Montevideo, où son âge et ses infirmités ne lui permettaient pas de s'exposer aux fatigues de la guerre.—Malgré l'amnistie, sa famille avait été en butte aux plus cruelles persécutions. *Rosas avait fait fusiller son fils !*

(2) Le *P. S.* de cette lettre reçue aujourd'hui contient ce qui suit : « La » tristesse est horrible à Buenos-Ayres. — Les émigrations continuent. »

miral recevait, six jours après la ratification du traité, une dépêche qui lui annonçait les succès du général Lavalle. — Et ce
n'était pas comme on veut bien le dire, un soi-disant succès, —
car ce général venait de prendre la province et la ville de Santa-
Fé, et cette victoire facilita sa jonction avec le général Lamadrid. —
Si l'amiral eut attendu quelques jours de plus, ces événemens
auraient eu probablement une grande influence sur ses résolu-
tions ultérieures, d'autant plus qu'ils s'accordaient avec la révélation faite par M. le colonel Trolé.

Nous avons déjà dit que cet officier supérieur avait eu une communication *inespérée* d'une lettre du ministre anglais Mandeville,
cet agent s'exprimait ainsi :

. . . .

« Rosas a été heureux jusqu'à ce jour, mais il n'y a qu'un mira-
cle qui puisse le sauver aujourd'hui. »

. . . .

La révélation à M. l'amiral de Mackau d'un tel aveu de la part
d'un agent qui s'était toujours montré si favorable à la cause de
Rosas, n'aurait dû laisser aucun doute dans son esprit sur l'état
désespéré du dictateur de Buenos-Ayres, et sur l'opportunité de
se mettre sans retard en communication avec le général Lavalle.

On a dit qu'au 17 novembre, jour du départ de l'amiral,
une grande activité régnait dans Buenos-Ayres, et que les bras
seuls manquaient pour les mouvemens nécessités par l'encom-
brement des marchandises. Voici ce que nous extrayons du jour-
nal le *Commerce* :

« Les avis de Buenos-Ayres sont du 3 décembre. On y éprou-
» vait toujours les mêmes difficultés pour le chargement des na-
» vires, car on ne pouvait se procurer ni voitures, ni chevaux, ni
» embarcations. On comptait 150 navires européens sans destina-
» tion ; plus, une foule de Brésiliens et d'Américains. »

On voit donc qu'il y avait stagnation complète dans les affaires.
Il ne pouvait en être autrement, car Rosas, tremblant à l'appro-
che de Lavalle, avait forcé tous les habitans de Buenos-Ayres et
des campagnes à prendre les armes sans exception aucune.

La confiance était si loin de renaître, qu'on n'osait se livrer aux moindres opérations commerciales. Le discrédit dans lequel le papier-monnaie de Buenos-Ayres est resté, même après la levée du blocus, est l'indice le plus sûr de l'état précaire de la place et de la méfiance qu'inspire le gouvernement. Ce papier n'a l:i ; de valeur aujourd'hui qu'il n'en avait il y a un an. C'est un fait qu'on ne peut contredire, les chiffres des cotes publiées aujourd'hui même, comparés avec ceux d'une date bien antérieure, en prouvent l'exactitude.

On prétend que les honneurs extraordinaires rendus dernièrement à Rosas, n'ont pour but que de donner le change à l'opinion publique en Amérique et en Europe.

Ces honneurs sont si peu illusoires, que déjà on lui donne le titre de grand-maréchal; une médaille d'or est frappée pour perpétuer le souvenir de son triomphe, et on lui élève un palais somptueux ! Ces faits parlent d'eux-mêmes.

Nous n'avons plus qu'une seule observation à faire. Le ministère prétend atténuer l'effet des plaintes de la population française de la Plata, en les attribuant au sentiment d'un intérêt lésé. Nous avons déjà fait justice de cette allégation ; nous sommes dans notre droit en déclarant que ces plaintes sont si bien fondées, qu'elles ont retenti dans la presse indépendante de toutes nuances politiques.

On est à la veille de grands événemens dans la Plata. Le ministère ne doit-il pas craindre l'immense responsabilité qu'il ferait peser sur lui par une trop grande précipitation ?

Paris, 8 mars 1841.

ALFRED-GUSTAVE BELLEMARE,
Délégué de la Population française de la rive
gauche de la Plata.

NOTES.

Note 1.

Extrait d'une lettre de Rosas à Echague, datée du 19 février 1839.

   « Il faut faire droit aux certificats du consulat britannique à Montevideo,
» en retour des grands services que le gouvernement de Sa Majesté Britan-
» nique nous a rendus dans notre lutte actuelle avec le roi des Français. »

La seconde est du 6 juillet. Rosas, après avoir dit que M. Mandeville, ministre de Sa Majesté Britannique à Buenos-Ayres, était allé à Montevideo au sujet d'un traité pour la suppression de la traite des noirs, ajoutait :

   « La haine de ce ministre pour ces gens-là (il parlait des unitaires et des
» Français) est telle, qu'il n'a pas voulu débarquer parmi eux, et il nous
» rend de si grands services dans notre lutte contre eux, que nous contrac-
» tons envers lui une immense dette de reconnaissance, et l'obligation de
» lui témoigner une bienveillance toute particulière. Le consul anglais, rési-
» dant à Montevideo partage ses sentimens à notre égard. »

Extrait d'une lettre écrite de Buenos-Ayres par un des principaux personnages du parti hostile à la France dans la république de l'Uruguay (le sous-secrétaire d'état au ministère des affaires étrangères dans le gouvernement du général d'Oribe, l'allié de Rosas.)

   « Nous pouvons correspondre sans crainte sous le couvert du général
» Oribe, par l'intermédiaire du consul anglais. De cette manière, les lettres
» nous parviennent sûrement. »

La vue de l'original de ces lettres causa une vive sensation à Montevideo.

Voici comment s'exprimaient les journaux de cette ville à ce sujet, sous la date du 11 janvier :

« Lorsqu'on nous assurait que le consul anglais entretient une correspon-
» dance criminelle avec Rosas ; que souvent il lui envoie des avisaos pour
» l'instruire en détail de tout ce qui se passe dans nos murs ; qu'enfin c'est
» un ennemi fourbe et secret qui travaille insidieusement à renverser chez
» nous l'ordre actuel des choses, et que c'est par son intermédiaire que les
» conspirateurs de cette capitale correspondent avec Oribe, nous nous re-
» fusions, à y croire; mais les pièces authentiques, les preuves que nous
» avons aujourd'hui sous les yeux ne permettent plus d'en douter. »

« Quoi! c'est lorsque toute correspondance avec l'ennemi est défendue
» sous les peines les plus sévères, aux habitans de Montevideo, que l'agent
» d'une nation ennemie abuse de ses prérogatives pour ménager des intel-
» ligences à ceux qui conspirent contre l'ordre établi, afin qu'ils puissent
» ainsi s'entendre avec impunité. Oh ! c'est un scandale !

NOTE 2.

Reproduction de l'*ultimatum* du 28 septembre 1838 :

« Le gouvernement de S. M. le Roi des Français a approuvé la conduite
» de ses agens, et il a ordonné au soussigné de déclarer au gouvernement
» de Buenos-Ayres que la bonne harmonie entre la France et la République
» Argentine ne peut être rétablie que sur les bases suivantes :
» 1° Le gouvernement de Buenos-Ayres fera mettre immédiatement à la
» disposition du consulat général de France, la somme de vingt mille pias-
» tres fortes pour la veuve de César Bacle ;
» 2° Il destituera le colonel Ramirez et fera remettre au consulat général
» une somme de dix mille piastres fortes à titre d'indemnité pour Lavie ;
» 3° Il reconnaîtra la créance de M. Blas Despouy et s'efforcera d'en payer
» le capital dans le délai d'un an.—Une commission mixte sera chargée du
» règlement des intérêts, et en cas de désaccord entre ses membres, ceux-ci
» nommeront un troisième arbitre dont la décision sera sans appel ;
» 4° Le gouvernement de Buenos-Ayres, chargé des affaires étrangères de
» la Confédération Argentine s'engagera, en attendant la conclusion d'un
» traité de commerce et de navigation avec la France, à ce que les Français,
» résidant sur le territoire Argentin, seront traités, sous la condition de ré-
» ciprocité, sur le pied de la nation la plus favorisée.

» Signé, AIMÉ ROGER. »

On donnait à Rosas quarante-huit heures pour répondre à cet *ultimatum*.—Il fut rejeté.

Lors des négociations de l'amiral Dupotet avec Rosas, M. Buchet Martigny, après avoir rejeté avec une noble fermeté les propositions qui en résultèrent, fit, au mois de mars 1840, une nouvelle tentative auprès de Rosas, en lui représentant cet *ultimatum.*— Il terminait ainsi la note officielle qu'il adressait au gouvernement de Buenos-Ayres à cet égard :

« Le gouvernement de S. M., en donnant au soussigné l'ordre d'insister » sur ces conditions, lui a aussi donné celui de déclarer au gouvernement » de Buenos-Ayres, qu'elles doivent être regardées comme INVARIABLES et » *qu'il est dans* L'IRRÉVOCABLE RÉSOLUTION de continuer le blocus du » littoral Argentin et d'exiger la satisfaction à laquelle il a droit, jusqu'à ce » qu'il l'obtienne. »

Qu'on lise maintenant le traité du 29 octobre et que l'on compare !

Lors de la notification de ces *ultimatums* , la position de Rosas était très-forte; il possédait de grands moyens de résistance.—Il avait mis trois armées sur pied. —Il en envoyait une contre le général Santa-Cruz, à Bolivia. — Il venait combattre la France dans la république Orientale de l'Uruguay avec une autre de plus de 6,000 hommes sous les ordres de son meilleur lieutenant. — Il en avait au moins 5,000 ou 6,000 sous les armes autour de lui dans sa province. — Aucun des états de l'intérieur n'avait encore protesté contre lui.

Mais à l'époque de la conclusion du traité, que sa position était changée! Ses armées avaient été divisées, battues, dispersées ou détruites. — Sa province s'était soulevée contre lui. — Et onze des quatorze états de la confédération avaient protesté et s'étaient armés contre lui. — Trois armées formidables marchaient à grandes journées sur sa capitale. — Le crédit public était détruit, et c'en était fait de Rosas si M. Mackau l'eût voulu.

NOTE 3.

Voici l'affaire de Chabert dont nous n'avons pas encore donné les détails.

« M. Julien Chabert allait se présenter le 6 octobre 1840 à l'alcade de son quartier pour lui demander un visa.—Chemin faisant, il est rencontré par un officier suivi de cinq soldats. — Ceux-ci l'arrêtent et lui font diverses questions.—Aussitôt qu'ils apprennent que Chabert est Français, ils s'emparent de lui, et le conduisent dans une maison voisine.—Là, ils lui demandent pourquoi il ne porte pas la *moustache obligée.* Ils le déshabillent, l'attachent à une échelle et lui piquent la poitrine et le cou avec la pointe de leurs poignards—faisant ainsi le simulacre de l'égorger. — Un soldat termine cette scène, caractéristique de l'époque actuelle de Buenos-Ayres, en faisant à Chabert une paire de moustaches avec de l'encre! Puis ils le renvoient en le menaçant de l'égorger, en quelque lieu que ce soit, s'ils le rencontrent sans ces moustaches. »

Voici maintenant à quelle occasion l'usage de la moustache a été officiellement adopté.

(Extrait de la Gazette officielle de Buenos-Ayres.)

« Buenos-Ayres, 19 septembre 1839.

» Vive la fédération.

» Les *juges de paix* soussignés manifestent à S. Exc. le gouverneur et ca-
». pitaine général *N. I. R.* (1) des lois, qu'ils ont pris la résolution de se lais-
» ser croître les moustaches en signe du châtiment que toute la confédéra-
.» tion argentine infligera aux sauvages unitaires, et surtout comme gage
» de la guerre à mort que les vrais fédéraux déclarent aux immondes et
» criminels Français.

» Ils prient S. Exc. d'agréer cette marque de leur patriotisme fédéral et
» de leur attachement à son illustre personne. »

(Suivent les signatures.)

Après l'abandon de nos alliés, ce qui frappe le plus c'est l'abandon du chiffre *irrévocablement* fixé, dès l'origine, pour les indemnités dues à Bacle et à Lavie. Rosas a déjà pris ses mesures pour en entraver le réglement. Il a demandé l'éloignement du chancelier du consul général de France à Buenos-Ayres, M. Petit-Jean, parce que ce fonctionnaire a une connaissance parfaite de tout ce qui est relatif à ces réclamations. Il avait créé la chancellerie et en exerçait les fonctions depuis douze ans à la satisfaction de tous les consuls et chargés d'affaires qui se sont succédé à Buenos-Ayres. A une intelligence supérieure M. Alphonse Petit-Jean joint un grand amour du travail; il n'est pas un de ses compatriotes qui ne lui rende cette justice, et cependant M. le baron de Mackau, *sans en référer au chargé d'affaires titulaire,*

---

(1) Notre illustre restaurateur!!!

sans avoir demandé *le moindre éclaircissement, lui laisse enlever arbitrairement son emploi.* Il faut en convenir, aux yeux de Rosas, M. Petit-Jean est bien coupable ; car c'est lui qui fit évader madame Bacle et ses enfans lorsque le Dictateur lui refusait un passeport. Il les plaça, en s'exposant aux plus grands dangers, sous la protection du commandant du blocus.

C'est lui qui, sous les yeux mêmes de Rosas et de ses satellites, eût le courage, après la déclaration du blocus, de recevoir et d'enregistrer la protestation de Lavie ? C'est encore lui qui a receuilli dans sa maison tous les Français qui, pendant l'absence du consul, n'avaient pas d'asile ; et parce qu'il avait encouru par cette conduite la disgrâce de Rosas, on destitue cet homme honorable qui n'avait d'autres ressources que sa place.

On a fait offrir, à Montevideo, la chancellerie du consulat général de France à Buenos-Ayres à plusieurs personnes très capables et très dignes d'en remplir les fonctions. — Elles ont refusé, dans la certitude que Rosas saurait bien leur rendre impossible l'accomplissement de leurs devoirs à ce poste important.

NOTE 4.

Nous croyons devoir faire connaître ici la lettre que nous avons écrite au général Lavalle , la veille de notre départ de Montevideo.

« Montevideo, 18 novembre 1840.

« Général ,

« Je vous écris sous les auspices de la mission qui m'a été confiée par mes compatriotes ; je viens vous demander pour eux la continuation de votre amitié.

» Le traité du 29 octobre ne détruira pas chez vous les sympathies que vous leur avez toujours montrées, car ils déclarent qu'il est contraire à l'honneur et aux intérèts de leur pays et ils protestent contre toutes ses conséquences.

» Ils m'envoient en France pour demander la réparation due à tous ceux que blesse cet inqualifiable traité. Comptez, général, sur mes efforts pour obtenir que justice nous soit rendue. La France et son gouvernement ne nous la refuseront pas. Ne les jugez pas défavorablement d'après la conduite de leur représentant dans la Plata, attendez avec confiance et quoiqu'il en arrive, général, protégez les innocens, et oubliez ceux qui vous ont offensé. C'est un devoir que vous prescrit votre haute et noble position. Vous n'y ferez pas défaut.

» Recevez, général, l'assurance de mon profond respect,

» Alfred G. BELLEMARE. »

Extraits de la lettre de Montevideo datée du 22 décembre, et reçue aujourd'hui même par la voie d'Angleterre.

« Un assez grand nombre de lettres particulières disent qu'on ne croit » pas à Buenos-Ayres à cette nouvelle *non encore officielle*, quoique la ba- » taille eût eu lieu le 28 du mois dernier, et qu'on assure au contraire que » l'armée de Lavalle a triomphé.—Le combat a, dit-on, été très sanglant. » On parle de 1,500 morts. — Granada, Lagos, Lopez, du côté de Rosas, » auraient été tués dans l'action; le général Oribe, blessé à la figure, enfin » Garzon et plusieurs autres officiers auraient été fusillés après la bataille, » en châtiment de leur ignoble et cruelle conduite envers de pauvres fa- » milles surprises par eux à la suite de l'armée de Lavalle.

» Il y a une circonstance favorable au caractère de ces nouvelles. — C'est » l'unanimité à laquelle le rapport en est fait. — Nous espérions en recevoir » par le bateau à vapeur envoyé dans le Parana pour signifier au général » Lavalle l'abandon de la France, ce bâtiment ne devait rester en mission » que quinze jours, il y en a quarante qu'il est parti, et nous n'en enten- » dons pas parler; c'est fort étrange.

» Rosas fait entourer Buenos-Ayres de fossés. — Les juges de paix de la » ville et de la campagne viennent d'adresser une pétition à la chambre des » représentans pour demander que l'on confère à la FILLE de Rosas, le » titre et les prérogatives de général de division ; la tristesse est horrible à » Buenos-Ayres. — Les émigrations continuent. . . . . » . . . .

L'original de cette lettre, portant tous les timbres de la poste, est à la disposition de ceux qui en voudront prendre connaissance.

En terminant cette brochure, nous croyons devoir faire connaître les

---

sentimens d'un des défenseurs les plus éclairés de notre cause dans La Plata. Nos commettans trouveront quelque consolation dans la manifestation de si nobles sympathies. Nous faisons aussi connaître le témoignage de reconnaissance que nous avions mission d'offrir à l'honorable M. Mermilliod.

A M. le Marquis de Dreux-Brézé, Pair de France.

Monsieur le Marquis,

Dans la séance du 8 février, à la Chambre des pairs, vous avez défendu l'honneur de la France si gravement compromis dans la rivière de la Plata, et vous avez montré de généreuses sympathies pour le sort des Français qui résident sur ses bords. Les paroles nobles et éloquentes que vous avez fait entendre, trouveront de l'écho dans le cœur de tous vos compatriotes; et je viens, au nom de ceux que je représente, vous témoigner le respect et la reconnaissance auxquels vous avez tant de titres.

Il y a longtemps, M. le Marquis, que j'avais à cœur de vous offrir l'expression de ces sentimens; il m'a été impossible de le faire pendant le peu de jours qui se sont écoulés entre mon arrivée à Paris et la séance du 20 février, à la Chambre des députés. Je suis resté, depuis lors, sous l'impression pénible de l'injure, je dirai même de l'insulte, qu'on y a faite à mes commettans. Vous comprendrez facilement, M. le Marquis, le sentiment qui m'a porté à retarder l'accomplissement du devoir que je remplis aujourd'hui envers ceux qui nous ont prêté l'appui de leurs lumières et de leur éloquence. Je voulais, avant de me présenter à vous, effacer cette tache qu'on a prétendu nous imprimer, mais qui retombera sur nos détracteurs. Tel est le but de la protestation dont je vous prie d'agréer l'exemplaire ci-joint.

J'espère que la Providence n'abandonnera pas la cause que la France était appelée à défendre dans l'Amérique du Sud. Les événemens qui se préparent sur les rives de la Plata, viendront sans doute appuyer la position que j'ai prise, en protestant aujourd'hui contre le déni de justice qui a été fait à mes commettans puisqu'on a étouffé la voix de leurs défenseurs; et en leur réservant la faculté d'en appeler un jour devant un tribunal mieux informé.

Permettez-moi, M. le Marquis, de solliciter la continuation de votre puissante protection, et de vous offrir l'expression du profond respect avec lequel j'ai l'honneur d'être, etc.

A.-G. BELLEMARE,
*Délégué de la population française
de la rive gauche de La Plata.*

Paris, le 3 mars 1841.

Réponse de M. le marquis de Dreux-Brézé.

Paris, le 4 mars 1841.

Monsieur,

Je ne veux pas tarder à vous adresser tous mes remerciemens de votre obligeance à m'envoyer votre protestation sur le traité du 29 octobre. Je vais la lire avec l'intérêt que mérite cette affaire, et je serai heureux de puiser à aussi bonne source de nouvelles lumières sur une question que, faute de documens, je n'ai pu traiter aussi complètement que je l'aurais voulu.

Veuillez recevoir, Monsieur, l'assurance de ma considération la plus distinguée.

Signé : DREUX-BRÉZÉ.

A M. Mermilliod, membre de la Chambre des députés.

Monsieur,

Le président de l'assemblée générale des Français de la Plata vous a déjà exprimé, dans les notes qu'il vous a adressées, la confiance que nous mettons dans votre zèle et vos lumières. Vous avez pleinement justifié cette confiance, et la manière ferme et digne dont vous vous êtes acquitté du mandat que vous avez bien voulu accepter de leur part, vous assure à tout jamais des droits à leur respect et à leur reconnaissance. Permettez-moi de vous en donner ici la certitude.

Vos efforts nobles et généreux n'ont pas eu le résultat qu'ils méritaient; on a refusé d'entendre votre voix avec ce calme et cette impartialité que commandaient les intérêts dont il s'agissait, et que vous avez si bien défendus. Cette conduite implique un déni de justice dans la résolution qui a été prise : je devais protester et réserver ainsi à mes commettans le droit d'en appeler à un tribunal mieux informé, je devais aussi combattre et détruire les imputations fausses et injurieuses qui ont été dirigées contre mes compatriotes de la Plata : c'est ce que j'ai fait dans la protestation dont je vous prie d'agréer l'exemplaire ci-joint.

J'espère, monsieur, que le jour n'est pas éloigné où l'on rendra justice à nos intentions, et où il vous sera permis de faire encore entendre, mais avec plus de succès, la voix que vous avez élevée en notre faveur.

Daignez agréer, etc.

A.-G. BELLEMARE

Délégué, etc., etc.

Paris, le 5 mars 1841.

Imprimerie de E. BRIÈRE, rue Sainte-Anne, 55.